AF228655

¡A ahorrar agua, Súper Archibaldo!

Jennifer Boothroyd

ediciones Lerner ◆ Mineápolis

Cooperar y compartir son una parte importante de *Sesame Street*, y del cuidado de nuestro planeta. Todos compartimos la Tierra, entonces depende de nosotros cuidarla juntos. Los libros *Cuidemos el ambiente con Sesame Street*® cubren todo, desde apreciar la belleza de la Tierra hasta conservar sus recursos, ayudar a mantenerla limpia y más. Y los conocidos amigos peludos de *Sesame Street* ofrecen a los pequeños lectores algunas formas sencillas de proteger el planeta.

Saludos,

Los editores de Sesame Workshop

El texto de este libro se imprime en papel compuesto en un 30 % de papel fabricado a partir de fibras recicladas después del consumo.

Contenido

Un héroe del cuidado del agua

Usamos agua todos los días

Las personas necesitan agua potable para beber. El agua potable viene de los ríos y lagos. La mayor parte del agua de la Tierra está en los océanos. Pero el agua de los océanos es salada.

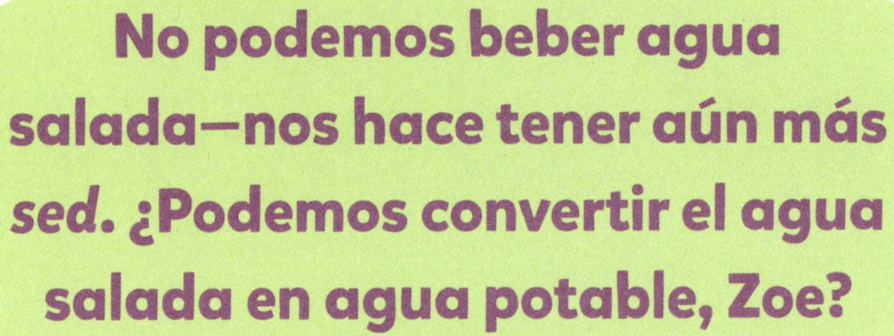

No podemos beber agua salada—nos hace tener aún más *sed*. ¿Podemos convertir el agua salada en agua potable, Zoe?
Podemos hacerlo, Súper Archibaldo, pero lleva *mucho* tiempo, dinero y energía.

Los animales también necesitan agua potable para beber.

Las plantas necesitan agua para crecer. Las plantas absorben el agua a través de las raíces.

¡Guau, el agua ayudará a crecer a esta planta!

9

Las personas usan el agua para limpiar. ¡Lavamos la vajilla, los automóviles, la ropa—y nos lavamos nosotros! También usamos el agua para divertirnos.

¡Yo también quiero nadar!
¡A Elmo le encanta nadar!

Preocupación por el agua

Tenemos que asegurarnos de que haya suficiente agua potable para todos en la Tierra.

Mantener limpia el agua también es importante.

Algunas veces las personas tiran cosas que no deben por el desagüe.

Las cosas como las bolas de algodón o el hilo dental pueden terminar en el agua cercana.

Los residuos—es decir, la basura—contaminan el agua.
Eso es malo para las personas y los animales.

Muchas personas trabajan mucho para limpiar el agua de la Tierra. Las personas también intentan usar menos agua.

Cuidar el agua

Solo tira papel higiénico en el inodoro.

Asegúrate de tirar la basura en el recipiente correcto.
Puedes reciclar papel, plástico y más.

Cuando te cepillas los dientes, usa solo el agua que necesitas. Usa solo un poco de agua para lavarte las manos.

¡No se necesita tanta agua para hacerlo!

En la bañera, usa solo suficiente agua para cubrirte las piernas. Intenta que las duchas sean cortas.

¡Un poco de agua y muchas burbujas!
¡El patito de goma también es un héroe del cuidado del agua!

Se usa mucha agua para hacer papel. Para usar menos papel, puedes dibujar de ambos lados.

¡Eso es hermoso, Julia!
Gracias, Comegalletas.

Ayuda a mantener limpia el agua en donde vives. Usa solo el agua que necesitas. ¿Puedes pensar más maneras de cuidar el agua?

¡Yo, Súper Archibaldo, prometo proteger el agua para todos en la Tierra!

Todos los días es el Día de la Tierra

El Día de la Tierra es el 22 de abril. Las personas le rinden homenaje a la Tierra de diferentes maneras. Una manera es limpiar las playas o los ríos.

Reciclamos la lluvia

¡Usa la lluvia de una nueva manera!

1. Pídele a un adulto que te dé algunos recipientes vacíos de plástico.

2. Decora los recipientes.

3. Pon los recipientes afuera para juntar lluvia.

4. ¡Usa tu lluvia reciclada para regar las plantas de interior!

Glosario

contamina: ensucia

proteger: mantener alejado del peligro o del daño

recipiente: algo para guardar otra cosa

residuos: basura que las personas arrojan al suelo o al agua

Índice

Créditos por las fotografías

Créditos de las imágenes adicionales: vectorau/Shutterstock.com, en todo el libro (fondo); LisaValder/Getty Images, p. 5; Sasiistock/Getty Images, p. 6; Betty4240/Getty Images, p. 8; Blend Images - JGI/Jamie Grill/Getty Images, p. 10; Axel Bernstorff/Getty Images, p. 11; Putra Kurniawan/EyeEm/Getty Images, p. 13; Herianus Herianus/EyeEm/Getty Images, p. 15; Africa Studio/Shutterstock.com, p. 16; Rawpixel.com/Shutterstock.com, p. 19; Hero Images/Getty Images, pp. 20, 28; Hung Chung Chih/Shutterstock.com, p. 22; Klaus Vedfelt/Getty Images, p. 24; Caiaimage/Trevor Adeiline/Getty Images, p. 26; Monkey Business Images/Shutterstock.com, p. 29; Chayapat Kaewnarin/Shutterstock.com, p. 30.

Portada: Background material/Shutterstock.com (fondo), Happiest Sima/Shutterstock.com (lluvia).

ediciones Lerner
Una división de Lerner Publishing Group, Inc.
241 First Avenue North
Mineápolis, MN 55401, EE. UU.

Si desea averiguar acerca de niveles de lectura y para obtener más información, favor consultar este título en www.lernerbooks.com.

Fuente del texto del cuerpo principal: Mikado. Fuente proporcionada por HVD.

Library of Congress Cataloging-in-Publication Data

Names: Boothroyd, Jennifer, 1972- author.
Title: ¡A ahorrar agua, súper Archibaldo! / Jennifer Boothroyd.
Other titles: Be water-wise, super Grover! Spanish
Description: Minneapolis : Ediciones Lerner, [2025] | Series: Cuidemos el ambiente con Sesame Street | Translation of: Be water-wise, super Grover! | Includes bibliographical references. | Audience: Ages 4–8 | Audience: Grades K–1 | Summary: "Everyone needs water, and there are plenty of ways to save it! Super Grover and friends explain the ways we use water and how to use less, from turning off faucets to choosing shorter showers. You can be a water hero, too! Now in Spanish!"— Provided by publisher.
Identifiers: LCCN 2024013045 (print) | LCCN 2024013046 (ebook) | ISBN 9798765643853 (lib. bdg.) | ISBN 9798765661192 (paperback) | ISBN 9798765651308 (epub)
Subjects: LCSH: Water conservation—Juvenile literature. | Earth Day—Juvenile literature.
Classification: LCC TD388 .B6618 2025 (print) | LCC TD388 (ebook) | DDC 333.91/16—dc23/eng/20240402

Fabricado en los Estados Unidos de América
1-1010969-52419-4/19/2024